CRI
DE L'OPINION

EN FAVEUR

DE M. PRUNELLE,

MAIRE DE LYON.

CRI
DE L'OPINION

EN FAVEUR

DE M. PRUNELLE,

MAIRE DE LYON.

« J'ay aultrefois logé Épaminondas
« au premier rang des hommes excel-
« lents et ne m'en desdis pas. »

MONTAIGNE, liv. III.

LYON.
LOUIS BABEUF, ÉDITEUR,
RUE ST-DOMINIQUE, N° 2.

Septembre 1830.

CRI
DE L'OPINION

EN FAVEUR

DE M. PRUNELLE,

MAIRE DE LYON.

On attaque M. Prunelle dans les journaux, et l'on vient de lancer dans le public, en son absence, une épître en vers adressée au Maire provisoire. On y trouve des accusations qui ne seraient pas dignes d'être réfutées, si le cercle de la publicité s'étendant hors de Lyon n'allait atteindre dans les provinces et à Paris même des hommes que la haute réputation de M. Prunelle n'a pas suffisamment éclairés. Ce n'est donc pas pour les Lyonnais, dont la confiance et l'affection l'ont investi de la première magistrature de leur ville, que nous écrivons, mais seulement pour ceux qui, étrangers à notre cité, ne jugent nos hommes politiques que par les brochures et les journaux.

M. Prunelle, selon nous, est au-dessus de tout reproche dans sa vie politique. Homme dévoué à la cause libérale, citoyen aux idées larges et généreuses, ami de son pays, soldat de la liberté, il n'a jamais reculé devant la manifestation de ses opinions; et, dans le cours de cette malheureuse année 1829, peu après la naissance du ministère du 8 août, d'indigne mémoire.

lorsque la France, accablée sous ce premier coup du despotisme, n'envisageait l'avenir qu'avec effroi; lorsque la plume libérale et prudente de M. B. n'avait point osé encore prendre en main la défense des droits populaires, M. Prunelle déjà, se prononçait hautement. Jusque dans les salons des carlistes, il disait que le jour viendrait où le courage civil forcerait les citoyens à soutenir avec leurs droits les libertés publiques, qu'une faction ingrate voulait attaquer avec les armes que la constitution lui avait remises.

Toutefois, il ne se borna point alors à de vaines et stériles paroles, M. de Lafayette, ce guerrier citoyen, justement surnommé le vétéran de la liberté des deux mondes; le compagnon, l'ami de Washington vient à Lyon : il arrive dans cette noble cité, dont toutes les administrations sont livrées au parti jésuitique. Que fait M. Prunelle dans cette circonstance? va-t-il se dérober à l'empressement des jeunes gens qui veulent le placer à leur tête? décline-t-il la responsabilité d'un dévouement sans bornes à son pays, à la cause sacrée de la Charte? non, il se présente le premier, il se place en avant de la population; il sort de la ville, et déjà, comme s'il était le premier magistrat de Lyon, il va porter à l'illustre général les hommages et les vœux de ses concitoyens. Ici, rien ne le cache; rien ne le dérobe à la vue du pouvoir, de la faction, il se montre à découvert; il parle de liberté, de patrie, de résistance légale : on dirait que son ame prévoit l'avenir, et que sa parole doit enfanter les événemens qui vont régénérer la France.

Le même jour eut lieu le banquet lyonnais, dont les derniers chants retentissent encore : M. Prunelle y présidait l'élite de notre cité ; il était entouré de plusieurs députés, parmi lesquels ne figuraient pas tous ceux que Lyon avait envoyés à la Chambre, et il y reçut les témoignages de la plus haute estime.

M. de Lafayette n'a point oublié, sans doute, les paroles pleines de franchise qui lui furent adressées par le président de ce beau festin ; et, pour faire son éloge patriotique, nous en appelons aux souvenirs du commandant en chef des gardes nationales de France.

Voilà de quelle manière M. Prunelle ménage le parti congréganiste ! voilà comment il courtise la faveur de Charles X !

Ce trait seul pourrait suffire pour lui mériter l'estime des Lyonnais..... mais d'autres circonstances devaient encore le mettre à même de développer son zèle pour la cause nationale et son dévouement pour notre ville. Les événemens qui se traînaient péniblement depuis une année prennent tout-à-coup un essor plus rapide : Charles X ose porter sur la Charte une main impie ; il brise le pacte par lequel il règne ; il renie son serment ; il veut que la royauté revive par le droit divin. Mais le peuple, qui ne s'émeut que dans les crises décisives, se lève pour combattre :

il sait qu'il a des droits, il veut les défendre : la lutte s'engage, le sang coule: bientôt le drapeau de la liberté, l'oriflamme aux trois couleurs reprend sa marche de triomphe, son allure de victoire; le peuple de Paris est vainqueur, et la capitale a délivré la France.

Cependant le succès était encore indécis; Charles X, retiré à Rambouillet, entouré d'un corps nombreux, pouvait en prolongeant la guerre ressaisir sa puissance, lorsque la ville de Lyon, émue d'une généreuse ardeur, et ayant à sa tête quelques citoyens dévoués dont les noms méritent d'être cités avec honneur, se lève pour accomplir aussi sa révolution et se placer au niveau de Paris. Le peuple était en armes; les troupes, renfermées dans l'Hôtel-de-Ville, pouvaient, en commençant le combat, ensanglanter notre belle cité, lorsque plusieurs citoyens se réunissent, forment une commission provisoire et avisent, dans leur sagesse, aux moyens de sauver Lyon de l'anarchie et de le conserver intact à la liberté. M. Prunelle est du nombre de ces hommes courageux dont nous conservons les noms avec reconnaissance. Il n'hésite pas à se dévouer de nouveau : son zèle n'était pas douteux ; sa haute capacité était connue même de ceux qui l'avaient le moins en affection, et il est porté par acclamation à la place de Maire provisoire ; il accepte, et depuis ce jour sacrifiant ses intérêts personnels, sa fortune, il se livre sans réserve à l'administration municipale ; il s'entoure d'hommes connus par leurs principes, d'amis dévoués de l'ordre, parmi lesquels se fait remarquer l'honorable M. Terme, dont le patriotisme et les talens ont rendu d'importans services dans les jours difficiles. Il protége tous les intérêts, il maintient la tranquillité dans une ville où le commerce en a un si pressant besoin; il organise la garde nationale ; il se montre, en un mot, le digne représentant des vrais intérêts de la France en général et de la ville de Lyon en particulier.

Les sentimens malveillans de quelques hommes que l'amour-propre blessé emporte au-delà des intérêts de la cause libérale, ne saurait altérer la confiance et l'estime dont est entouré M. Prunelle. Le savant professeur de Montpellier est justement apprécié par la masse de la population lyonnaise, et si le scrutin municipal était ouvert dès ce jour, nous ne doutons pas que ce digne citoyen ne fût confirmé à la presque unanimité dans ses fonctions publiques.

On a prétendu que le PRÉCURSEUR était le journal d'un homme, et que, feuille de coterie, il exaltait le Maire provisoire. Celui qui a avancé une semblable assertion, a oublié sans doute que le lendemain de la publication des ordonnances le Rédacteur principal de cette feuille n'a pas craint d'exposer sa liberté et peut-être quelque chose de plus encore, en faisant paraître son journal, dans lequel on trouvait une protestation énergique. Cette conduite courageuse doit faire disparaître toute idée de coterie qui pourrait présider à la distribution soit du blame soit des éloges. Homme de la liberté, ami du peuple, partisan de l'ordre, cet écrivain s'est montré le digne émule des signataires de la protestation parisienne du 28 juillet. Et c'est lorsqu'un tel homme défend M. Prunelle qu'on ose attaquer ses intentions, qu'on cherche à le présenter comme un magistrat sans courage, sans énergie, sans principes fixes, dont le but unique est de ménager les différens partis et de ne songer qu'à ses intérêts personnels !

Ce n'est assurément pas faire preuve de patriotisme, que d'attaquer les citoyens qui se sont fait un nom dans le parti national, au moment surtout où le nouveau gouvernement a besoin, pour se consolider, du concours de tous les hommes dévoués!... L'union est nécessaire à la France ; elle seule peut faire triompher les magnifiques destinées qui viennent de surgir de la Révolution de 1830.

Mais en voilà bien assez pour repousser une attaque qui n'est basée que sur un dépit d'amour-propre : citoyens d'un état libre, défenseurs de l'ordre constitutionnel, plaçons-nous à la hauteur de notre position, et sachons récompenser le dévouement et la capacité des hommes qui, au milieu du triomphe du despotisme, n'ont pas craint d'élever la voix et de crier à la France qui les écoutait LIBERTÉ !... LIBERTÉ !...

LYON. — IMPR. DE G. ROSSARY, RUE SAINT-DOMINIQUE, N° 1.

www.ingramcontent.com/pod-product-compliance
Lightning Source LLC
LaVergne TN
LVHW050515160826
845677LV00003B/1154

* 9 7 8 2 3 2 9 6 2 9 9 2 6 *